MW01715478

# COMMANDANT CLARK

Cette histoire est tirée du dessin animé
*Commandant Clark*, épisode 10 :
« Le bal de l'espace »


Avec la participation de France 5 et Cartoon Network
Une série imaginée par Ian Carney, Anne Ozannat, Éric Garnet,
Aurore Damant, Baptiste Lucas et Marion Billet
Producteurs délégués : Éric Garnet et Anne de Galard
Scénario de Vincent Bonjour
Auteurs graphiques : Aurore Damant
Réalisé par : Norman LeBlanc

Pour la présente édition :

18 rue Barbès, 92128 Montrouge cedex

Dépôt légal : mars 2011
ISBN : 978-2-7470-3627-6
Loi n°49-956 du 16 juillet 1949 sur les publications destinées à la jeunesse.

# COMMANDANT CLARK

## LE BAL DE L'ESPACE

bayard poche

Dans l'immensité de la
Sunny galaxy file
un gigantesque
vaisseau amiral.
Sa mission : prévenir
la Fédération
des dangers potentiels,
porter secours aux
vaisseaux en perdition,
explorer des univers
inconnus et surtout
tenir à distance
les affreux Animatronix.

# COMMANDANT CLARK

### COMMANDANT CLARK

*Commandant de L'Arche, aimé et respecté par tous. Il adore explorer la galaxie et est toujours prêt pour l'Aventure.*

### LIEUTENANT FOXY

*Meilleur ami de Clark depuis leurs études, Foxy n'est pas le plus intelligent de l'équipage, mais il est brave et courageux !*

### KITTY, PREMIER OFFICIER

*Seconde à bord après Clark, son efficacité n'est plus à démontrer. Elle est aussi la voix de la raison à bord de L'Arche.*

L'ARCHE

## AMIRAL SHLURP

*Shlurp est le représentant de la Fédération intergalactique, le super commandant de L'Arche. L'ambiance détendue qui y règne parfois provoque chez lui d'immenses colères !*

## GÉNÉRAL REX

*L'ennemi juré de L'Arche est un robot dont le seul but est de détruire tout être vivant dans la galaxie. Il est aidé par son équipage d'Animatronix.*

## - 1 -
## Un petit détail important

Tout semble calme dans la Sunny Galaxy. Pourtant, ce matin, à bord de *L'Arche*, le commandant Clark semble inquiet.

– Excusez-moi, commandant, s'étonne l'officier Kitty, quelque chose ne va pas ?

– Eh bien… soupire Clark en se frottant la truffe. Aujourd'hui est un grand jour, mais je n'arrive pas à me souvenir pour quelle raison…

– Mon invitation à dîner, peut-être ? rougit Kitty, amoureusement.

– Non, non, ce n'est pas ça… quelque chose de vraiment important !

Kitty n'a pas le temps de réagir que l'écran de communication grésille et s'allume :

– Ici Shlurp !

La voix puissante de l'amiral fait aussitôt sursauter le lieutenant Foxy, qui s'était un peu endormi sur son tableau de bord.

– Bonjour, amiral ! se réjouit Clark. Tout va pour le mieux ?

– Disons que… vous n'auriez pas quelque chose à me souhaiter, par hasard ?

Un silence intergalactique flotte dans le vaisseau.

– Euh… de bonnes vacances ?

– Son anniversaire ! souffle Kitty aux oreilles de Clark.

Comme frappé par une météorite, Clark ouvre des yeux comme des soucoupes.

– **NOM D'UNE CROQUETTE DE MARS**, mais bien sûr ! Joyeux anniversaire, amiral !

De toute son énergie, Clark fait ce qu'il peut pour

sauver la situation, mais, sur l'écran, l'amiral est aussi souriant qu'un jour sans fourmi :

– Personne ne pense jamais à mon anniversaire. Avouez, Clark : VOUS AVIEZ OUBLIÉ !

– Mais pas oublié du tout, amiral ! lance Clark en bombant le torse. Justement, avec l'équipage nous préparons une super fête en votre honneur. C'était une surprise !

– UNE SURPRISE ? s'étonne l'amiral, les larmes aux yeux. Oh, vraiment je ne m'y attendais pas...

– Et nous comptons sur votre présence à 20 heures pile, avec madame Shlurp, bien sûr !

– Ne me décevez pas, Clark ! conclut l'autoritaire amiral.

Et, dans un sifflement de rayon laser, l'écran s'éteint.

## -2-
## Alerte et déception

– 20 heures pile ? miaule l'officier Kitty. Excusez-moi, commandant, mais c'est de la folie ! Nous ne serons jamais prêts !

Sans un mot, Clark se dirige fièrement vers le centre de la salle et d'un coup de poing efficace actionne… le bouton d'alerte ! Aussitôt, tous les haut-parleurs du vaisseau résonnent :

– **OUVREZ GRAND VOS OREILLES,**

ceci n'est pas un exercice ! Rassemblement général dans le hall d'accueil.

Sans plus attendre, chacun abandonne son activité.

– Ce soir, annonce Clark en faisant les cent pas, nous organisons l'anniversaire de notre grand amiral !

– **YAHOUUU !**

Une vague de bonne humeur secoue l'équipage. Enfin l'occasion de s'amuser !

– Je vais donc confier la préparation du gâteau à une personne de confiance.

L'officier Kitty se redresse un peu plus dans le rang.

– … une personne sans qui rien ne pourrait fonctionner sur *L'Arche*…

Ses moustaches frétillent de plaisir.

– … une formidable partenaire. Belle, très sensible… Je veux bien sûr parler de… Gloria !

**GLOUPS !** Kitty n'en croit pas ses oreilles. Gloria ? Et pourquoi pas le général Rex !

# -3-
# Copie conforme !

Quelques poussières d'heures plus tard, c'est le branle-bas de combat dans la cafétéria ! Des ballons par-ci, des banderoles par-là, tout le monde s'active pour que la décoration soit parfaite.

– Plus vite, s'impatiente Clark, l'amiral sera bientôt là !

Et le commandant ne croit pas si bien

dire ! La soucoupe des Shlurp vient juste de se poser dans la salle d'atterrissage.

– Tu pilotes comme un débutant ! vocifère madame Shlurp de sa voix aiguë. Si je n'avais pas regardé la route, on aurait percuté l'astéroïde ! Dis-le, si tu veux te débarrasser de moi !

Dans un long soupir habitué, l'amiral aide sa femme à descendre.

– Et tu ne pouvais pas te garer plus près ? J'ai les pieds tout serrés dans ces horribles chaussures !

Clark, lui, continue de dresser la liste des choses à ne pas oublier :

– Chantez bien fort quand il entrera ! Et tous en chœur ! Je compte sur vous.

Mais Junior lève très haut sa patte gauche :

– Euh, à quoi il ressemble, l'amiral Shlurp, déjà ? J'me souviens plus, commandant.

– C'est très simple ! s'exclame Clark en plaçant un de ses gants sur son museau. Il a une trompe qu'il secoue. **FROUT, FROUT, FROUT !** Et une longue langue qui dépasse. **BEULEU, BEULEU, BEULEU !**

L'imitation est parfaite ! Vraiment copie conforme !

Mais, au lieu d'exploser de rire, l'équipage se pétrifie de panique : l'amiral Shlurp et sa femme se tiennent sur le seuil de la cantine, dans le dos du commandant !

– Amiral ! sourit Clark, tout gêné. Madaaame…, lance-t-il en se jetant aux pieds de madame Shlurp pour lui faire un baise-main. Bienvenue !

Et, d'un claquement de doigts, il donne illico presto le départ de la fête.

Clac ! L'électricité est coupée.

PFFFIIIICH ! Une fusée d'anniversaire vient se planter sur la pièce montée.

Clap, clap, clap ! Tonnerre d'applaudissements ! L'amiral est bouche bée.

– Je suis tout retourné, Clark, soupire-t-il. C'est tellement gentil d'y avoir pensé…

Mais madame Shlurp lui donne aussitôt un coup de sac :

– Reprends-toi, voyons ! Un amiral ne pleure pas comme un bébé fourmilier !

## -4-
## Juste une question

– Ce « mille fourmis » était délicieux, se réjouit l'amiral en terminant les bords de son assiette. Un grand merci !

– C'est Gloria, notre cuisinière très douée, qui l'a fait pour vous ! fanfaronne Clark en lui tendant une nouvelle part grouillante d'insectes. Mais si nous ouvrions le bal maintenant ?

Très fière de ces compliments, Gloria

s'approche, le sourire jusqu'aux boucles d'oreilles. Mais, là, c'est trop ! L'officier Kitty bouillonne dans son coin et, en quelques bonds précis, elle se faufile entre les deux invités pour se retrouver juste devant Clark.

Aussitôt, la musique commence et, sans réfléchir, tous deux se lancent dans une danse endiablée. C'est vraiment la fête ! L'équipage les encourage jusqu'à ce que l'amiral Shlurp lâche :

– Juste une question, Clark : qui est aux commandes de *L'Arche* ?

Un courant d'air glacial s'abat sur le vaisseau.

– Eh bien… personne, amiral !

– C'est intolérable ! s'emporte Shlurp. Le règlement stipule que, si le commandant est occupé, le second doit prendre sa place aux commandes !

Tout penaud, Clark se retourne vers Kitty :

– L'amiral a raison, c'est toi qui dois prendre la barre !

Puis, comme si de rien n'était, il enchaîne aussitôt :

– **MUSIQUE !**

Kitty sent tout à coup un immense trou noir lui aspirer le moral, mais, dévouée jusqu'au bout des griffes, elle s'éloigne vers le centre de commandement.

# -5-
# Règlement de comptes à Sunny Galaxy

La soirée est déjà bien avancée.

Les yeux perdus dans la galaxie, Kitty, dépitée, pilote le vaisseau quand le sas du centre s'ouvre sur Foxy. Le renard se trémousse comme un fou sur la musique qu'on entend au loin.

– Eh, comment ça se passe ici ? Tu ne t'ennuies pas, Kitty chérie ?

– Non, le devoir avant tout…

– Une saucisse cocktail ?

– Pas faim, merci…

– En tout cas, j'en connais deux qui s'amusent bien, en bas…

Et, entre deux bouchées de petits fours, Foxy allume un écran de contrôle. Une vraie catastrophe ! Dans la cafétéria, Gloria et le commandant Clark enchaînent les jeux, les pirouettes et les rigolades.

– Adorable, n'est-ce pas… ! susurre-t-il. Mais tu pourrais peut-être descendre dire à cette guenon ce que tu penses de son maquillage…

– Tu as raison ! s'exclame Kitty, aussi remontée qu'un orage galactique.

– Oncle Foxy a toujours raison ! Ne t'inquiète pas, je prends les commandes.

D'un pas très décidé, Kitty parcourt les couloirs de *L'Arche* avant d'apercevoir Gloria entrer dans les toilettes.

– Hé, Gloria ! lance l'officier, le poil hérissé. Ton parfum, c'est « purée de bananes » ?

– Tiens, Kitty… Pas trop seule dans la salle de contrôle ?

– Tout se passe bien, je te remercie, mais y a Tarzan qui te cherche… à des années-lumière d'ici !

Alors Gloria fait semblant d'éternuer.

– Excuse-moi, je dois être allergique aux poils de chat !

Les deux ennemies sont prêtes à se sauter dessus quand **BAOUM !**

– Qu'est-ce que c'était ? hurle Kitty.

**BAOUM !**

Et *L'Arche* bascule en les faisant tomber sur le sol…

## INFO KONG :

**Kong :** La ceinture d’astéroïdes est une région située entre Mars et Jupiter. Elle est composée d’astéroïdes, qui sont de petites planètes...

# -6-
# Renvoyée

**BAOUM !**

Tant bien que mal, Kitty retourne au centre de commandement. Mais il y a comme un hic : dans la cabine se trouvent l'amiral Shlurp et le commandant Clark qui pilote à sa place.

– Que se passe-t-il ? s'inquiète-t-elle.

**BAOUM !**

– On a percuté un de ces astéroïdes, répond

Clark, concentré. Il y a un trou dans la coque et ça rend le vaisseau très difficile à manœuvrer !

Shlurp fronce alors les sourcils :

– C'est une faute extrêmement grave, officier Kitty. Vous pouvez faire vos valises, vous êtes renvoyée.

En entendant cela, Foxy éclate en sanglots :

– Je suis vraiment désolé ! Tout est ma faute, j'aurais dû garder un œil sur la trajectoiiire...

– Non, Foxy, soupire Kitty, c'est moi qui ai quitté mon poste.

Et, dignement, elle se retire dans sa cabine.

De son côté, Clark a beau se débattre avec les leviers de pilotage, rien à faire, *L'Arche* ne répond plus.

– Commandant ! hurle soudain Porko le mécanicien, les commandes de direction sont trop abîmées, nous devons réparer le plus vite possible.

Mais **BAOUM** ! Un choc encore plus violent secoue le vaisseau dangereusement.

– OK ! analyse Clark. La seule solution, c'est de le faire depuis l'espace. Une navette devra naviguer au milieu des astéroïdes, c'est extrêmement périlleux.

– Nous n'avons pas le choix, annonce Shlurp d'une voix grave, mettez votre meilleur pilote sur le coup.

## -7-
## Concentration et sparadrap

Le commandant Clark n'a pas besoin de réfléchir longtemps. Il sait très bien qui est son meilleur pilote…

Alors que Kitty ferme sa valise, Foxy déboule dans sa chambre rose, paniqué.

– Tu voulais me dire quelque chose, Foxy ?

– Euh… oui… **ON A BESOIN DE TOI !!!!**

Combinaison, gants, maquillage… en moins de deux, l'officier Kitty sèche ses larmes et se tient prête pour sa mission. Elle saute dans sa soucoupe et s'élance dans l'espace.

– Kitty ! se réjouit Clark en regardant son écran de contrôle, rapproche-toi de la brèche, mais prends garde aux astéroïdes !

– Bien, commandant !

Aussitôt, la navette zigzague au milieu des rochers. À droite, à gauche, se couchant sur l'aile, Kitty manœuvre sans jamais ralentir.

– Voilà, je suis juste en face du trou, j'entame la réparation !

À ces mots, deux bras mécaniques sortent de la navette et se mettent à souder le métal. Mais madame Shlurp s'inquiète :

– Que se passera-t-il si elle n'arrive pas à réparer la coque ?

– *L'Arche* explosera et nous serons aspirés dans l'univers glacial ! explique Clark avec énergie.

Madame Shlurp regrette aussitôt d'avoir posé la question…

Kitty, elle, ne se déconcentre pas. Les astéroïdes la frôlent de justesse, mais elle poursuit coûte que coûte sa réparation.

– Commandant !! hurle soudain Foxy, un gigantesque astéroïde se dirige droit sur nous !

– Kitty ! Il faut que tu rentres immédiatement !

– Pas avant d'avoir rempli ma mission, commandant.

Mais l'astéroïde se rapproche… et l'officier Kitty tient bon…

Il se rapproche encore… et tout le monde retient son souffle.

Une dernière fois, le fer à souder grésille sur la coque et… ouf ! Le rocher passe à quelques mètres de *L'Arche*.

– Mission accomplie, commandant ! Le trou est colmaté ! lance Kitty.

– YAHOUUUU !

L'équipage tout entier laisse éclater sa joie !

Mais, au même instant, un immense astéroïde percute la petite navette. Kitty miaule de terreur pendant que son vaisseau tournoie dans l'espace. Il faut réagir vite ! Elle appuie sur un bouton et Pfffiouu ! s'éjecte dans l'espace juste avant que la navette n'explose contre un rocher. Malheureusement, Kitty se cogne à son tour et perd connaissance…

## -8-
## La valse des étoiles

Après quelques minutes dans le noir, Kitty ouvre enfin lentement les yeux. Une étrange silhouette s'approche d'elle.

– Bienvenue parmi nous, Kitty…

C'est le beau commandant Clark ! L'officier Kitty pousse un soupir de soulagement et se laisse reconduire au vaisseau.

– Sans ton courage, nous n'aurions pas pu nous en sortir. C'est pourquoi l'amiral Shlurp veut que tu reviennes dans l'équipe. Bonne nouvelle, non ? Alors, si nous terminions notre danse… ? propose Clark, charmeur.

Et la valse reprend… Ils tourbillonnent parmi les étoiles, ils virevoltent en se tenant les mains. C'est le moment idéal pour être romantique…

Kitty…, annonce Clark tendrement, tu

achevé d'imprimer en France
par Pollina s.a. - L56177B